Marianne Magnier-Moreno
Fotos von Charlotte Lascève

LIBANESISCH

KLEINE GERICHTE

Librero

Inhaltsverzeichnis

10 MINUTEN

Hummus

FÜR 700 G

Zubehör
Schneidmixer

Grundzutaten
große Knoblauchzehe
2 Zitronen (100 g Saft)
1 TL Salz
100 ml Olivenöl + ein wenig zum Servieren

Spezielle Zutaten
Kichererbsen aus der Dose (Abtropfgewicht 400 g)
120 g Tahini (weiße Sesampaste)
Ein paar dünne Pitas

Kichererbsen und Knoblauch vorbereiten

Die Kichererbsen abgießen und gut spülen. In den Mixer geben. Die Knoblauchzehe schälen, pressen und in den Mixer geben. Gegebenenfalls den grünen Keim entfernen.

Mit den anderen Zutaten mixen

Die weiße Sesampaste, den Zitronensaft und das Olivenöl hinzugeben. Salzen und mixen, bis der Hummus eine glatte Konsistenz angenommen hat. Es ist normal, dass er leicht körnig bleibt.

Mit Pita-Brot servieren

Geben Sie den Hummus in eine Schüssel und gießen Sie das Olivenöl darüber. Sofort servieren oder kaltstellen.

30 MINUTEN

Auberginen-KAVIAR

FÜR 600 G

Zubehör
Backblech
Schneidmixer

Grundzutaten
800 g Auberginen
65 ml Olivenöl
2 Zitronen (80 g Saft)
1 TL Salz
Pfeffer aus der Mühle

Spezielle Zutaten
80 g Tahini (weiße Sesampaste)
1 Granatapfel
Ein paar dünne Pitas

Die Auberginen vorbereiten

Den Ofen auf 240 °C vorheizen. Ein Backblech mit Backpapier auslegen. Die Auberginen der Länge nach je nach Größe in 2 oder drei Scheiben mit maximal 2 bis 3 cm Dicke schneiden. Mit einem Messer das Fleisch diagonal tief einritzen, dabei darauf achten, die Haut nicht zu durchstechen.

Garen

Die Auberginenscheiben mit 25 ml Olivenöl einpinseln und salzen. Auf das Blech legen, die eingeschnittene Seite nach unten, und für 20 Minuten in den Ofen geben. Die fertigen Auberginen mit Hilfe eines Löffels in ein Sieb geben und das Fruchtfleisch ausdrücken, um das Wasser zu entfernen.

Alle Zutaten mixen und servieren

Das Fruchtfleisch in eine Küchenmaschine geben. Die restlichen Zutaten hinzugeben und mixen. Darauf achten, dass die Masse nicht zu glatt wird. Mit den Granatapfelkernen bestreuen und mit Pita-Brot servieren.

10 MINUTEN

Tzatziki LIBANESISCH

FÜR 4 PERSONEN

Grundzutaten

2 Schafsmilchjoghurts (250 g)
1 Knoblauchzehe
½ Gurke
3 oder 4 Stiele Minze
½ TL Salz
Pfeffer aus der Mühle

Spezielle Zutaten

2 oder 3 Stiele Koriander
Ein paar dünne Pitas

Den Joghurt würzen

Den Joghurt in eine Schüssel geben. Salzen, pfeffern und vermischen.

Das Gemüse vorbereiten

Die Knoblauchzehe schälen und pressen, gegebenenfalls den grünen Keim entfernen. In die Schüssel geben, vermischen.
Die halbe Gurke schälen, der Länge nach halbieren und die Körner mit Hilfe eines Löffels entfernen. Die Gurke erneut der Länge nach halbieren und dann in dünne Scheiben schneiden.
Die Scheiben in die Schüssel geben. Die Minze und den Koriander zupfen. Die Blätter zusammendrücken und fein schneiden.
Die Scheiben in die Schüssel geben.

Mit Pita-Brot servieren

Gut vermischen und gut gekühlt servieren.

15
MINUTEN

Pita-Chips
ZAATAR

FÜR 24 CHIPS

Zubehör
Backblech

Grundzutaten
3 dicke Pitas
60 ml Olivenöl

Spezielle Zutaten
10 g Zaatar (siehe Seite 62)

Die Pitas vorbereiten

Das Backblech mit Backpapier auslegen. Die Pitas mit einer Schere in zwei Scheiben schneiden. Die Pitas mit der rauen Seite nach oben auf das Backblech legen.

Das Gewürzöl vorbereiten

Den Ofen in der Grillfunktion vorheizen. Das Zaatar in einen kleinen Behälter geben, das Olivenöl hinzugeben und mit einem Esslöffel vermischen. Wenn das Zaatar nicht gesalzen ist und Sie Salz hinzufügen müssen, beginnen Sie mit ½ Teelöffel und würzen langsam nach Bedarf nach.

Das Gewürzöl über die Pitas verteilen

1 bis 2 Esslöffel der Mischung aus Zaatar und Öl über jede Pita gießen, dabei die Gewürze möglichst über die gesamte Oberfläche verteilen.

Die Pitas in Stücke schneiden und grillen

Jede Pita in 4 Teile schneiden. 1 bis 2 Minuten unter den Grill geben, bis die Teigränder goldgelb sind. Sofort oder lauwarm servieren.

20 MINUTEN

Kebbe
SIEBEN GEWÜRZE

FÜR 14 KEBBE

Zubehör

Küchenmaschine mit großem Messer

Kleiner gusseiserner Topf oder Pfanne mit dickem Boden

Grundzutaten

2 Knoblauchzehen
1 Zwiebel mit 100–150 g
220 g Rumpsteak
120 g Kichererbsen aus der Dose (Abtropfgewicht)
500 ml Olivenöl
2 TL Salz

Spezielle Zutaten

110 g feiner Bulgur
3 Stiele Koriander
1 TL sieben Gewürze (siehe Seite 62)
Tahini-Sauce (siehe Seite 60)

Die Zutaten vorbereiten

Den Bulgur in viel Wasser einweichen. Die Knoblauchzehen schälen und pressen, gegebenenfalls den grünen Keim entfernen. Den Koriander zupfen.

Den Kebbe-Teig vorbereiten

Die Zwiebeln und dann das Rumpsteak mixen. Den Bulgur in einem sauberen Küchentuch schleudern, um möglichst viel Wasser zu entfernen. Dem gemixten Rumpsteak die Korianderblätter, den gepressten Knoblauch, das Salz und die Gewürze hinzugeben. Mixen, bis sich eine Teigkugel bildet. In eine Schale geben, Kichererbsen hinzugeben und mit einem Teigschaber gut vermischen, um die Kichererbsen gut in den Teig einzuarbeiten.

Bällchen formen und garen

Das Olivenöl in einem kleinen Schmortopf oder in einer Pfanne mit dickem Boden erhitzen. Mit der Hand 14 ovale Bällchen von je 40 g formen. Die Kebbe 1 bis 2 Minuten unter regelmäßigem Wenden frittieren, bis sie Farbe annehmen. Mit der Tahini-Sauce servieren.

20 MINUTEN

Halloumi
KNOBLAUCH UND MINZE

FÜR 4 PERSONEN

Zubehör

Große, beschichtete Pfanne

Grundzutaten

25 g Minze (ca. 10 g netto)
1 Knoblauchzehe
1 Zitrone (50 g Saft)
4 EL Olivenöl (60 g)
Salz, Pfeffer aus der Mühle

Spezielle Zutaten

150 g Halloumi oder Kochmozzarella
2 EL Granatapfelkerne (nach Belieben)

Die Zutaten und die Sauce vorbereiten

Die Minze spülen und trocknen. Die Knoblauchzehe schälen und pressen, gegebenenfalls den grünen Keim entfernen. Den Zitronensaft in eine Schale gießen, ½ Teelöffel Salz hinzugeben und gut vermischen, bis sich das Salz aufgelöst hat. Den gehackten Knoblauch, das Olivenöl und den Pfeffer mit in die Schale geben. Die Minze fein schneiden und ebenfalls hinzugeben.

Den Halloumi goldgelb anbraten

Den Halloumi trocknen, dann in Scheiben von 1 bis 2 cm Dicke schneiden. Die Pfanne bei starker Hitze aufheizen, die Halloumi-Scheiben hineinlegen. Wenden, sobald sie Farbe angenommen haben. Den Halloumi auf eine Platte legen, nachdem er von beiden Seiten angebraten ist.

Anrichten und servieren

Den Halloumi mit Minzsauce beträufeln, nach Belieben Granatapfelkerne darüberstreuen und servieren.

30 MINUTEN

Falafel

FÜR 15 FALAFEL

Zubehör

Kleiner Topf oder sehr große Pfanne

Mixer mit großem Messer

Schaumlöffel

Grundzutaten

10 g glatte Petersilie

100 g Lauchweiß

½ Kürbis (110 g)

1 Knoblauchzehe

½ TL Backpulver

500 ml Olivenöl

1 TL Salz

¼ TL gemahlener Pfeffer

Spezielle Zutaten

125 g trockene Kichererbsen (250 g eingeweicht)

¼ TL gemahlener Zimt

1 TL gemahlener Koriander

Tahini-Sauce (siehe Seite 60)

Die Kichererbsen am Vorabend einweichen

Die Kichererbsen spülen, in viel Wasser mit dem Backpulver einweichen. Über Nacht in den Kühlschrank geben.

Die Zutaten vorbereiten und mixen

Die Petersilie waschen und trocknen. Die großen Stiele entfernen. Das Lauchweiß reinigen, der Länge nach vierteln und in kleine Stücke schneiden. Den Kürbis ebenso vorbereiten. Den Knoblauch schälen, pressen, gegebenenfalls den grünen Keim entfernen. Die Kichererbsen abgießen und ungekocht mit dem Gemüse und den Kräutern zu einer Paste mixen.

Den Falafelteig formen

Die Paste auf die Arbeitsplatte geben, die Gewürze, das Salz und den Pfeffer hinzugeben. Zu einem homogenen Teig kneten. Den Teig mit einem kleinen Löffel oder mit den Fingern in 15 Kugeln teilen.

Die Falafel frittieren und servieren

Alle Falafel nacheinander 1 bis 2 Minuten bei starker, aber nicht maximaler Hitze in die Fritteuse geben. Regelmäßig wenden und darauf achten, dass sie nicht zu dunkel werden. Die Falafel herausnehmen und heiß mit der Tahini-Sauce servieren.

20 MINUTEN

Fattouche

FÜR 4 PERSONEN

Zubehör
Backblech

Grundzutaten
10 bis 15 g Minze (brutto)
1 Schalotte
150 g Kirschtomaten
½ bis 1 Bund Radieschen (150 g netto)
½ Gurke (170 g)
1 römischer Kopfsalat oder ½ Romana-Salat (250 g brutto, 100 g netto)
30 g Rotweinessig oder Apfelessig
50 ml Olivenöl
1 TL Salz

Spezielle Zutaten
1 dünne Pita (50 g)
1 gehäufter TL Sumach

Pitas formen

Den Ofen auf 150 °C vorheizen. Die Pita mit einer Schere in kleine Rechtecke schneiden, diese in der Mitte durchtrennen. Auf ein Backblech legen und 10 Minuten in den Ofen geben.

Das Gemüse vorbereiten

Die Minze und das Gemüse waschen und trocknen. Die Minze zupfen. Die Schalotte schälen und fein schneiden. Die Tomaten waschen und je nach Größe halbieren oder vierteln. Die Radieschen waschen und in Scheiben schneiden. Die Gurke mit Haut waschen, der Länge nach halbieren, die Kerne entfernen und dann in sehr feine Scheiben schneiden. Den Blattsalat oder Romanasalat quer in Streifen schneiden.

Die Vinaigrette zubereiten

Den Essig mit dem Salz in einer Schale verrühren, bis sich das Salz aufgelöst hat. Das Öl und den Sumach hinzugeben und vermischen.

Anrichten und servieren

Das Gemüse und die Minze in einer großen Schüssel vermischen. Die Pita-Stücke auf den Salat streuen. Die Vinaigrette über die Pita-Stücke gießen, gut vermischen und servieren.

30 MINUTEN

Gebratener Blumenkohl
TAHINI-SAUCE

FÜR 4 PERSONEN

Zubehör
Großer Topf
Großer Schaumlöffel
Backblech

Grundzutaten
1 gut geschlossener Blumenkohl
50 g grobes Meersalz
2 EL Olivenöl (20 g)

Spezielle Zutaten
Tahini-Sauce (siehe Seite 60)

Den Blumenkohl vorbereiten
3 Liter Wasser zum Kochen bringen. Den unteren Teil des Blumenkohls abschneiden, sodass er steht. Falls die Blätter den gesamten Blumenkohl bedecken, diese so zuschneiden, dass sie nur die untere Hälfte bedecken.

Im Wasser garen
Wenn das Wasser kocht, 40 g grobes Salz hinzugeben, den Blumenkohl mit dem Kopf nach oben ins Wasser setzen und je nach Größe 10 bis 15 Minuten lang garen.

Dann im Ofen goldgelb backen
Den Ofen auf 280 °C vorheizen. Den Blumenkohl mit einem großen Schaumlöffel aus dem Topf mit dem kochenden Wasser nehmen und auf ein Backblech setzen. Den Blumenkohl mit Olivenöl einpinseln. Mit dem restlichen groben Salz würzen, dann für 10 bis 15 Minuten in den Ofen geben, bis er goldgelb ist.

Servieren
Den gebratenen Blumenkohl mit Tahini-Sauce servieren.

20 MINUTEN

Salat MIT PFIRSICHE UND TOMATEN

FÜR 4 BIS 6 PERSONEN

Zubehör

Sieb

Grundzutaten

500 g reife Tomaten
20 ml Rotweinessig oder Apfelessig
1 Zitrone (10 g Saft)
30 ml Olivenöl
1 Schalotte
500 g reife Pfirsiche
2 Stiele frische Minze
Salz, Pfeffer aus der Mühle

Die Tomaten vorbereiten

Die Tomaten waschen, die Stiele entfernen. In Viertel von 1,5 bis 2 cm schneiden, diese halbieren. In ein Sieb geben, mit ½ Teelöffel Salz salzen, mischen und während der weiteren Vorbereitungen mit dem Salz ziehen lassen.

Die Vinaigrette zubereiten

Den Essig und den Zitronensaft in einer Schüssel mit ½ Teelöffel Salz und Pfeffer vermischen. Das Öl hinzugeben und gut verrühren, um eine Emulsion herzustellen.

Die anderen Zutaten vorbereiten

Die Schalotte schälen und fein schneiden. Die Pfirsiche spülen, vierteln, den Kern entfernen und dann die Viertel in Scheiben von 1 bis 2 cm Dicke schneiden. Das Ganze in die Schüssel geben. Die Minze spülen und trocknen. Wenn die Minzblätter klein und dünn sind, den Stiel entfernen. Wenn sie groß oder dick sind, zupfen und fein schneiden.

Anrichten und servieren

Die abgetropften Tomaten in die Schüssel geben und alles vorsichtig vermischen. Die Minzblätter über den Salat geben. Servieren.

20 MINUTEN

Taboulé
QUINOA UND MINZE

FÜR 4 PERSONEN

Zubehör
Feines Sieb

Grundzutaten
8 Stiele Minze (10 g brutto, 6 g netto)
20 bis 30 Stiele glatte Petersilie
(45 g brutto, 30 g netto)
1 Gurke
150 g Kirschtomaten
90 g rote Zwiebeln
2 Zitronen (70 g Saft)
55 ml Olivenöl
Salz, Pfeffer aus der Mühle

Spezielle Zutaten
100 g rohe Quinoa (200 g gekocht)

Die Quinoa vorbereiten

Die Quinoa in einem feinen Sieb gut spülen, in einen Topf geben und mit kaltem Wasser bedecken. Zum Kochen bringen, 1 Teelöffel Salz hinzugeben und 12 bis 13 Minuten köchelnd garen lassen. Vom Ofen nehmen, wenn der weiße Keim des Samens sichtbar, aber noch etwas knackig ist. Abgießen, mit kaltem Wasser spülen und im Sieb aufbewahren.

Das Gemüse vorbereiten

Die Minze und die Petersilie waschen und trocknen. Zupfen und fein schneiden. In eine große Schüssel geben. Die Gurke der Länge nach halbieren, die Kerne entfernen. Die Gurke erneut der Länge nach halbieren und dann in dünne Scheiben schneiden. In die Schüssel geben. Die Kirschtomaten je nach Größe halbieren oder vierteln. Die Zwiebel fein schneiden. In die Schüssel geben.

Die Sauce zubereiten und anrichten

In einer Schüssel 1 Teelöffel Salz mit dem Zitronensaft verrühren, 10 Prisen Pfeffer aus der Mühle hinzugeben und mit dem Olivenöl emulgieren. In die große Schüssel gießen und mischen. Die kalte Quinoa hinzugeben und vermischen. Servieren oder kaltstellen.

20 MINUTEN

Libanesische BOWL

FÜR 4 PERSONEN

Zubehör
Schneidmixer
Beschichtete Pfanne

Grundzutaten
150 g Reis (weiß, Halbvollkorn oder Vollkorn)
1 große Knoblauchzehe
1 ½ Zitronen (60 g Saft)
120 ml Olivenöl
2 Tomaten einer alten Sorte
1 Gurke
20 Mandeln
1 TL Salz (für den gekochten Reis)

Spezielle Zutaten
30 g Soja-Sauce
120 g Kichererbsen (Abtropfgewicht)
2 Avocados
150 g Halloumi oder Kochmozzarella

Den Reis und den Hummus vorbereiten

Den Reis spülen und nach der Anleitung auf dem Paket in Salzwasser garen. Die gepresste Knoblauchzehe zusammen mit der Soja-Sauce, dem Zitronensaft und dem Olivenöl in einer Schale verrühren. 60 g Vinaigrette mit den gespülten und abgegossenen Kichererbsen mixen. Wenn die Zubereitung zu dick ist, etwas von der Vinaigrette hinzugeben.

Die anderen Zutaten vorbereiten

Die Mandeln grob hacken. Die Gurke der Länge nach halbieren, die Kerne entfernen, erneut der Länge nach halbieren und dann in dünne Scheiben schneiden. Die Tomaten in große Würfel schneiden. Das Fleisch der Avocados mit einem Esslöffel herausheben, dann in feine Streifen schneiden.

In Schalen anrichten und servieren

Den Reis auf 4 Schalen verteilen. Die anderen Zutaten auf die Schalen verteilen, ohne sie zu vermischen. Eine beschichtete Pfanne bei mittlerer Hitze vorheizen. Den Halloumi in Scheiben von 1 bis 1,5 cm Dicke schneiden, trocken anbraten. Wenden und auf der anderen Seite anbraten. In die Mitte der Schalen legen. Das Ganze mit der restlichen Vinaigrette beträufeln, mit den gehackten Mandeln bestreuen und servieren.

25 MINUTEN

Chawarma HÄHNCHEN UND ZUCCHINI

FÜR 4 PERSONEN

Zubehör
Backblech

Grundzutaten
3 Zucchini (700 g)
1 rote Zwiebel
6 EL Olivenöl
600 g entbeinte Hähnchenschenkel
5 Knoblauchzehen
Saft von ½ Zitrone
Salz, Pfeffer aus der Mühle

Spezielle Zutaten
¼ TL Kreuzkümmel
1 gehäufter TL edelsüßer Paprika
½ TL gemahlener Kurkuma
4 dünne Pitas
Tahini-Sauce (siehe Seite 60)

Das Gemüse vorbereiten

Die Zucchini der Länge nach vierteln, dann in Stücke schneiden. Die Zwiebel halbieren und in dicke Scheiben schneiden. Das Ganze in eine Schüssel geben. Die Hälfte des Olivenöls, den Kümmel und 1 Teelöffel Salz hinzugeben. Vermischen und auf einer Seite des Backblechs ablegen.

Das Hähnchen marinieren

Das Hähnchen in Würfel von 2 bis 3 cm schneiden. In die leere Schüssel geben. Die Knoblauchzehen schälen, pressen und zu dem Hähnchen geben. Gegebenenfalls den grünen Keim entfernen. Den Paprika, den Kurkuma, den Pfeffer, den Zitronensaft, ½ Teelöffel Salz und das restliche Öl hinzugeben. Vermischen.

Das Hähnchen und die Zucchini garen

Den Ofen in der Grillfunktion vorheizen. Das Hähnchen auf der anderen Seite des Backblechs ablegen. 15 Minuten grillen, bis alles Farbe angenommen hat. Aus dem Ofen nehmen, den Inhalt des Blechs vermischen und abgießen, damit die Pitas nicht von der Sauce durchtränkt werden.

Die Pitas anrichten und servieren

Die Pitas mit Tahini-Sauce einpinseln. Die Masse in die Mitte setzen, den rechten und linken Rand darüberfalten und die Unterseite nach oben falten, anschließend die Pita aufrollen.

25 MINUTEN

Blumenkohl-FLADEN

FÜR 8 BIS 10 FLADEN

Zubehör

Küchenmaschine mit Messer oder Reibe
Große, beschichtete Pfanne
Feines Sieb

Grundzutaten

1 kleinen Blumenkohl (400 g netto)
100 g gemahlene Mandeln
1 TL gemahlener Knoblauch
1 Schalotte
3 Eier
45 ml Olivenöl
1 TL grobes Salz
1 TL Salz

Spezielle Zutaten

2 Stiele Koriander
½ TL Kurkuma
1 TL sieben Gewürze (siehe Seite 62)

Den Blumenkohl hacken und garen

Den Blumenkohl in Stücke schneiden und in der Küchenmaschine hacken, bis reiskorngroße Stücke entstanden sind. In eine große beschichtete Pfanne geben, mit Wasser bedecken, zum Kochen bringen, das grobe Salz hinzugeben und 2 Minuten bedeckt garen lassen. Den Inhalt der Pfanne in ein mit einem Geschirrtuch ausgelegtes Sieb gießen. Mit kaltem Wasser spülen. Die Pfanne trocknen und beiseite stellen.

Die anderen Zutaten vorbereiten und mischen

In einer großen Schüssel die Mandeln, das Salz, das Knoblauchpulver, den Kurkuma, die sieben Gewürze, die fein geschnittene Schalotte und den gezupften Koriander vermischen.

Den Blumenkohl auspressen

Den abgekühlten Blumenkohl im Küchentuch auspressen, um so viel Wasser wie möglich zu entfernen. In die Schale geben, vermischen.

Die Fladen garen

Die Eier in die Schüssel geben und vermischen. Die Pfanne bei mittelstarker Hitze aufheizen. Die Hälfte des Öls hinzugeben. Kleine Häufchen der Blumenkohlmischung in die Pfanne setzen und mit einer Gabel flach drücken, sodass 1 bis 1,5 cm dicke Fladen entstehen. Goldgelb braten. Das restliche Öl hinzugeben und die anderen Fladen braten.

30 MINUTEN

Salat
MIT GEGRILLTEM GEMÜSE

FÜR 4 PERSONEN

Zubehör
Backblech
Zange

Grundzutaten
1 große Aubergine (350 g)
45 ml + 25 ml Olivenöl
1 rote Paprika (350 g)
1 Knoblauchzehe
10 ml Rotweinessig oder Apfelessig
Saft von ½ Zitrone
1 TL Salz + ¼ TL Pfeffer aus der Mühle

Spezielle Zutaten
2 Stiele Koriander
1 TL Kapern

Das Gemüse grillen

Den Ofen in der Grillfunktion vorheizen. Die Aubergine in gleichgroße Stücke schneiden. In eine Schale geben, 45 ml Olivenöl und den Teelöffel Salz dazugeben und vermischen. Die Paprika waschen, fein schneiden und alle Kerne und weißen Hautstücke entfernen. In 4 Stücke schneiden. Mit der Haut nach oben auf ein Blech setzen. Die Auberginen daneben anordnen. 10 Minuten oben im Ofen grillen, bis die Haut der Paprika dunkle Flecken bekommt und die Auberginen weich sind und Farbe annehmen.

Die Haut von der Paprika entfernen

Die Paprika mit einer Zange herausnehmen und 10 Minuten in einem Glasbehälter abkühlen lassen, der möglichst dicht verschlossen ist. Die Paprika schälen und halbieren.

Die Würzung vorbereiten

Den Koriander zupfen und den Knoblauch hacken. Den Knoblauch, das restliche Salz, den Essig und den Zitronensaft in einer Schüssel vermischen. Das restliche Öl hinzugeben und emulgieren.

Anrichten und servieren

Paprika, Auberginen, Koriander und Kapern in die Schüssel geben und vorsichtig vermischen. Servieren oder kaltstellen.

25 MINUTEN

Linsensuppe SIEBEN GEWÜRZE

FÜR 4 PERSONEN

Zubehör

Großer Topf
Küchenmaschine mit Messer

Grundzutaten

200 g grüne Linsen
1 Zwiebel
1 Knoblauchzehe
Aufgussbeutel Ariake Geflügelbrühe oder 1 Brühwürfel
120 g dicke Crème fraîche (wenn möglich aus Schafsmilch)
Salz

Spezielle Zutaten

1 TL gemahlener Zimt
1 TL sieben Gewürze (siehe Seite 62)
2 Stiele frischen Koriander

Die Linsen vorgaren

Die Linsen spülen. In einen großen Topf geben. Die Linsen mit kaltem Wasser bedecken. Zum Kochen bringen. 5 Minuten köchelnd vorgaren.

Das Gemüse vorbereiten

Die Zwiebel schälen und grob schneiden. Die Knoblauchzehe schälen und pressen, gegebenenfalls den grünen Keim entfernen.

Die Linsen köcheln lassen

900 ml Wasser zum Kochen bringen. Die Linsen abgießen. Die Zwiebel, den Knoblauch, die Bouillon-Aufgussbeutel (oder den Brühwürfel) und die Linsen in den Topf mit dem kochenden Wasser gießen. Zum Kochen bringen und 15 Minuten köcheln lassen, bis die Linsen weich sind. Gegebenenfalls die Bouillon-Aufgussbeutel herausnehmen und 1 ½ Teelöffel Salz hinzugeben. (Wenn Sie einen Brühwürfel verwendet haben, nur 1 Teelöffel Salz verwenden.) Vermischen.

Mixen und servieren

Alles mixen, bis die Masse eine glatte Konsistenz angenommen hat. Die Crème fraîche mit den Gewürzen vermischen, hinzugeben und erneut mixen. Mit frischem Koriander bestreut servieren.

25 MINUTEN

Shashouka
SPINAT UND SUMACH

FÜR 4 PERSONEN

Zubehör

Große, für den Backofen geeignete Pfanne

Grundzutaten

400 g junger Spinat
4 Knoblauchzehen
2 EL Olivenöl
80 g dicke Crème fraîche
4 Eier
½ TL Salz

Spezielle Zutaten

¼ TL sieben Gewürze (siehe S. 62)
1 TL Sumach

Den Spinat und den Knoblauch vorbereiten

Den Ofen auf 180 °C vorheizen. Den jungen Spinat spülen. Die Knoblauchzehen schälen, pressen, gegebenenfalls den grünen Keim entfernen.

In der Pfanne garen

Eine große Pfanne bei mittlerer Hitze aufheizen. Olivenöl hinzugeben und die gepressten Knoblauchzehen anbraten. Sobald sie duften, die Hitze hochdrehen und jeweils eine Handvoll Spinat unter ständigem Rühren hinzugeben. Nach dem gesamten Spinat ¼ Teelöffel Salz hinzugeben und weitergaren, bis der Spinat geschmolzen ist und das herausgekochte Wasser verdampft ist. Die Crème fraîche und die sieben Gewürze hinzugeben. Gut vermischen und flach verteilen.

Die Eier hinzufügen, in den Ofen geben und servieren

Die Eier über dem Spinat aufschlagen, 10 Minuten in den Ofen geben, bis das Eiweiß gestockt ist. Mit dem restlichen Salz und dem Sumach bestreuen und servieren.

15 MINUTEN

Gegrillte Lammkoteletts
MIT SIEBEN GEWÜRZEN

FÜR 4 PERSONEN

Zubehör
Grill im Ofen

Grundzutaten
- 3 Knoblauchzehen
- 40 ml Olivenöl
- 800 g Lammkoteletts, Karrees oder Krone
- ½ TL Salz

Spezielle Zutaten
- 3 TL sieben Gewürze (siehe Seite 62)

Die Instant-Marinade zubereiten
Den Ofen in der Grillfunktion vorheizen. Die Knoblauchzehen schälen, pressen und in eine kleine Schale geben. Gegebenenfalls den grünen Keim entfernen. Die sieben Gewürze und das Salz hinzugeben und vermischen. Das Olivenöl hinzugeben und vermischen.

Die Lammkoteletts einpinseln
Die Lammkoteletts mit Küchenpapier abtupfen, um sie zu trocknen, und auf ein Blech legen. Mit einem Pinsel oder dem Rücken eines Teelöffels die Instant-Marinade auf beiden Seiten der Lammkoteletts auftragen.

Die Lammkoteletts grillen und servieren
Für 10 bis 15 Minuten in den Ofen geben und 4 bis 5 Minuten grillen. Die Lammkoteletts wenden, wenn sie Farbe angenommen haben, und weitere 4 bis 5 Minuten grillen. Servieren.

LE CREUSET

30 MINUTEN

Ratatouille LIBANESISCH

FÜR 4 PERSONEN

Zubehör
Backblech

Grundzutaten
1 rote Paprika (350 g)
1 große Aubergine (350 g)
Zucchini (350 g)
1 Zwiebel (150 g)
60 ml Olivenöl
1 TL Salz
Pfeffer aus der Mühle

Spezielle Zutaten
Tahini-Sauce (siehe Seite 60)

Das Gemüse vorbereiten

Den Ofen auf 250 °C vorheizen. Die Enden vom Paprika abschneiden. Einschneiden, um sie zu öffnen, und alle Kerne und weißen Hautstücke entfernen. Das Fleisch in Streifen von 2 bis 3 cm schneiden und diese Streifen halbieren. Auf ein Backblech legen.

Die Aubergine der Länge nach vierteln. Die Stücke der Länge nach halbieren, dann in zwei oder drei rechteckige Stücke schneiden. Auf das Backblech geben.

Die Zucchini in große rechteckige Stücke schneiden (genau wie die Aubergine) und ebenfalls auf das Blech legen. Die Zwiebel schälen, in Viertel schneiden und die Schichten teilen, hinzugeben und vermischen.

Das Gemüse würzen und garen

Das Olivenöl über das Gemüse gießen, salzen, pfeffern, mischen und in den Ofen geben. 20 Minuten garen, bis das Gemüse weich ist und Farbe angenommen hat. Einmal kurz durchmischen.

Die Sauce hinzufügen und servieren

Zum Schluss die Tahini-Sauce darübergießen, vermischen und servieren.

20
MINUTEN

Tartar von der Dorade
MIT SALZZITRONE

FÜR 4 PERSONEN

Zubehör
Scharfes Messer

Grundzutaten
2 Stiele Anis (15 g brutto)
1 EL Honig
5 EL Olivenöl
1 kleine Schalotte
Die Filets von 2 Königsdoraden
ohne Haut und Gräten
(1,3 kg brutto, 550 g netto)
Salz, Pfeffer aus der Mühle

Spezielle Zutaten
2 Zitronen (60 g Saft)
2 Salzzitronen
1 EL Sumach zum Verfeinern

Die Instant-Marinade zubereiten

Den Anis spülen, zupfen und hacken. In einem großen Behälter ½ TL Salz in dem Zitronensaft auflösen. Den Honig hinzugeben und auflösen. Pfeffern, das Olivenöl hinzugeben und vermischen. Die Schalotte schälen, fein schneiden und in den Behälter geben. Die Salzzitronen vierteln, aushöhlen, spülen und die Haut in feine Streifen und dann in Würfel schneiden. In den Behälter geben.

Die Doraden zerlegen

Die Doraden spülen und mit Küchenpapier trocknen. Mit einem scharfen Messer die Filets in Würfel schneiden.

Den Tartar würzen und anrichten

Die Doraden-Würfel in den großen Behälter geben, vermischen. Den Tartar auf 4 Teller verteilen. Mit dem Sumach bestreuen und servieren.

20 MINUTEN

Marinierter Fisch MIT ZWIEBELN UND ROSINEN

FÜR 4 PERSONEN

Zubehör
Beschichtete Pfanne
Schale

Grundzutaten
50 ml Olivenöl
4 entgrätete Fischfilets (500 g): Makrele, Dorade, Kabeljau usw.
1 rote Zwiebel
40 g Pinien- oder Zedernkerne
40 g Rosinen
100 ml Weißweinessig oder Apfelessig
200 ml trockener Weißwein
½ TL Salz, Pfeffer

Spezielle Zutaten
½ TL gemahlener Zimt

Den Fisch garen

Eine große beschichte Pfanne bei mittlerer Hitze anheizen und die Hälfte des Olivenöls hineingießen. Die Fischfilets hineingeben (zuerst auf der Haut, falls vorhanden), salzen und je nach Dicke 1 bis 2 Minuten garen, ohne sie zu bewegen. Wenden und 1 Minute bei mittlerer Hitze garen. In eine Schale geben.

Die Marinade vorbereiten

Währenddessen die Zwiebel schälen und fein schneiden. Die Zwiebel mit den Kernen, den Rosinen und dem Zimt in die Pfanne geben. 2 bis 3 Minuten garen, bis die Kerne Farbe angenommen haben und die Zwiebeln weich sind. Immer wieder umrühren. Den Wein und den Essig hinzugeben und auf zwei Drittel reduzieren.

Anrichten und servieren

Gegebenenfalls die Haut von den Filets entfernen. Den Inhalt der Pfanne über die Filets gießen. Das restliche Öl hinzugeben, pfeffern und bei Zimmertemperatur bis zum Servieren aufbewahren oder bis zu 48 Stunden kaltstellen. Vor dem Servieren wieder Temperatur annehmen lassen.

25 MINUTEN

Salat MIT ERDBEEREN UND MANDELN

FÜR 4 PERSONEN

Zubehör
Orangenpresse
Schalen

Grundzutaten
250 g Erdbeeren
30 g Zucker
30 g Mandelblättchen
3 Orangen (150 g Saft)

Spezielle Zutaten
15 g Balsamessig
20 ml Orangenblütenwasser

Die Erdbeeren zubereiten und einweichen

Die Erdbeeren waschen und entstielen. Vierteln und in eine große Schale geben. Mit Zucker bestreuen und den Essig darüberträufeln. Mischen und 5 Minuten durchziehen lassen.

Die Mandeln rösten

Die Mandeln trocken in einer kleinen Pfanne bei mittlerer Hitze anrösten.

Die Orangen pressen, anrichten und servieren

Währenddessen die Orangen pressen und die Erdbeeren mit 150 g des Orangensafts bedecken. Das Orangenblütenwasser hinzugeben. Auf 4 kleine Schalen verteilen, servieren oder kaltstellen. Vor dem Servieren die Mandelblättchen darüberstreuen.

25 MINUTEN

Haselnuss-ORANGEN-CREME

FÜR 4 PERSONEN

Zubehör

Kleine Pfanne mit dickem Boden
Hitzebeständiger Kochlöffel
Scharfes Messer mit feiner Klinge
Schneidmixer
Schalen

Grundzutaten

50 g Haselnüsse
115 g Zucker
1 Orange

Spezielle Zutaten

115 g Mozzarella (Kuhmilch) (Abtropfgewicht netto)
185 g Mascarpone
15 ml Orangenblütenwasser

Die karamellisierten Haselnüsse vorbereiten

Die Haselnüsse und ein Blatt Backpapier bereithalten. 100 g Zucker in einer dünnen Schicht in eine Pfanne geben. Bei maximaler Hitze erhitzen. Sobald ein Teil des Zuckers karamellisiert, den Ofen abschalten und den Zucker mit einem hitzebeständigen Kochlöffel so lange verrühren, bis alles karamellisiert ist. Die Nüsse hinzugeben, vermischen und auf das Backpapier geben, beiseite stellen.

Die Creme mixen

Den in Stücke geschnittenen Mozzarella mixen. Den Mascarpone, den restlichen Zucker (15 g) und das Orangenblütenwasser hinzugeben. Erneut mixen und beiseite stellen.

Die Orange aufschneiden

Die Orange mit einem scharfen Messer mit dünner Klinge schälen (die Schale sowie das weiße Häutchen darunter entfernen), die Orange vierteln und den mittleren weißen Teil entfernen. In dicke Scheiben schneiden.

Die Nüsse hacken und anrichten

Die karamellisierten Haselnüsse hacken. Die Creme auf 4 Schalen verteilen. Die Nüsse und dann die Orangenscheiben darauf verteilen. Servieren.

25 MINUTEN

Schmalzgebäck MIT ORANGENBLÜTEN

FÜR 25 STÜCK

Zubehör

Kleiner Topf
Kleiner gusseiserner Topf oder Pfanne mit dickem Boden
Grill

Grundzutaten

250 g Schafsmilchjoghurt
125 g Mehl
½ TL Salz
½ TL Backpulver
170 g Puderzucker
500 ml Olivenöl

Spezielle Zutaten

2 bis 3 EL Orangenblütenwasser (25 ml)

Den Teig für das Schmalzgebäck und den Sirup vorbereiten

Den Joghurt, das Mehl, das Salz und das Backpulver in einem Behälter mit einem Teigschaber vermischen. 85 ml Wasser und dann den Zucker in einen kleinen Topf geben, den Zucker das Wasser aufnehmen lassen, stark erhitzen und vorsichtig rühren, um den Zucker aufzulösen. Zum Kochen bringen und etwa 5 Minuten köcheln lassen, bis der Sirup leicht angedickt ist (nicht zu lange andicken und keinesfalls karamellisieren lassen). Vom Ofen nehmen.

Das Gebäck frittieren

Mit einem Teelöffel abgestochene Teigstücke rasch in das heiße Frittierbad geben (um den Teig herum sollten kleine Blasen entstehen). 1 bis 2 Minuten frittieren, bis der Teig gleichmäßig goldgelb ist. Aus dem gesamten Teig Gebäck herstellen. Die Gebäckstücke mit einem Schaumlöffel herausnehmen und auf ein Gitter legen.

Die Gebäckstücke in Sirup tauchen

Orangenblütenwasser zum Sirup geben und vermischen. Die Gebäckstücke nacheinander in den Sirup tauchen und mit dem Schaumlöffel herausnehmen. Auf dem Gitter ablegen, dann servieren.

15 MINUTEN

Libanesisches SANDGEBÄCK

FÜR 15 SANDPLÄTZCHEN

Zubehör
Patisserieblech

Grundzutaten
100 g Butter
60 g Puderzucker
120 g Mehl T45 oder T55

Die weiche Butter vorbereiten

Den Ofen auf 60 °C vorheizen. Die Butter in Würfel schneiden, in einen Behälter geben und etwa 2 bis 3 Minuten in den Ofen geben, bis sie weich ist. Aus dem Ofen nehmen, gut durchmischen und beiseite stellen.

Alle Zutaten mischen

Mit einem Teigschaber die weiche Butter mit 30 g gesiebtem Puderzucker und dem Mehl vermischen, bis alle trockenen Zutaten vollständig eingearbeitet sind. Abschließend schnell mit der Hand kneten, um einen homogenen Teig herzustellen.

Die Sandplätzchen formen und backen

Die Temperatur des Ofens auf 150 °C erhöhen. Ein Backblech mit Backpapier auslegen. Zwischen den Handflächen 15 Kugeln (je 20 g) formen und auf das Blech legen. Etwa 20 Minuten in den Ofen geben (die Plätzchen werden beim Backen leicht abgeflacht). Die Sandplätzchen auf einem Gitter abkühlen lassen.

Die Sandplätzchen mit Puderzucker bestreuen

Die abkühlten Sandplätzchen in einen Behälter geben. Mit dem restlichen gesiebten Puderzucker bestreuen und servieren.

5
MINUTEN

Eistee
MIT MINZE

FÜR 1 KARAFFE

Grundzutaten

1 Liter Wasser
50 g frische Minze

Zubehör

Karaffe mit einem Volumen von mindestens 1 Liter

Den Tee vorbereiten

Das Wasser zum Kochen bringen. Währenddessen die Minze spülen, abgießen und die Stiele brechen. In eine große Karaffe geben. Das kochende Wasser darübergießen. Die Minze muss komplett mit Wasser bedeckt sein, andernfalls färbt sie sich schwarz. Abkühlen lassen.

Das Getränk gekühlt servieren

Kühlen, anschließend in zu zwei Drittel gefüllte Gläser geben. Eiswürfel hinzugeben und servieren.

10 MINUTEN

Limonade MIT ORANGENBLÜTEN

FÜR 1 LITER

Zubehör
Schneidmixer
Sieb

Grundzutaten
2 Bio-Zitronen (250 g)
800 ml sehr kühles Wasser
80 g weißen Zucker

Spezielle Zutaten
30 ml Orangenblütenwasser

Die Zitronen mixen

Die Zitronen spülen, vierteln und mit der Hälfte des Wassers und dem Zucker in eine Küchenmaschine geben. Bei maximaler Leistung mixen, sodass die Zitronen in sehr kleine Stücke gehackt werden.

Die Limonade filtern und parfümieren

Mit einem Sieb über einer großen Karaffe filtern, ohne die Zitronen zu zerdrücken. Das restliche Wasser hinzugeben (gegebenenfalls einen Teil davon durch Eiswürfel ersetzen), das Orangenblütenwasser hinzugeben, vermischen und servieren.

10 MINUTEN

Pfefferminztee

FÜR 800 ML THEE

Zubehör

Teekanne
Kleines Sieb

Grundzutaten

1 Liter Wasser
2 TL (3 g) oder 2 Beutel schwarzer Tee
30 g Pfefferminze
60 g Honig

Die Teekanne vorwärmen

Das Wasser zum Kochen bringen. Die Teekanne mit etwa 250 ml Wasser füllen. Das Wasser weggießen.

Den Tee vorbereiten

Die Pfefferminze spülen, dann die Stile brechen. Den Tee mit der zuvor gebrochenen Pfefferminze in die Teekanne geben. Den Honig hineingießen, dann das kochende Wasser, sodass mindestens die Blätter der Pfefferminze bedeckt sind (sie müssen mit Wasser bedeckt sein, da sie sich sonst schwarz färben). Mindestens 5 Minuten ziehen lassen. Mischen, indem zwei oder drei Mal ein Glas mit dem Tee gefüllt wird, das dann sofort wieder in die Teekanne zurückgegossen wird.

Den gefilterten Tee servieren

Beim Servieren durch ein kleines Sieb filtern.

5 MINUTEN

Tahini-SAUCE

FÜR 115 G SAUCE

Zubehör
Schneebesen

Grundzutaten
1 Knoblauchzehe
25 ml Olivenöl
1 Zitrone (25 g Saft)
½ TL Salz
Pfeffer aus der Mühle

Spezielle Zutaten
60 g Tahini (weiße Sesampaste)

Den Knoblauch vorbereiten

Den Knoblauch schälen, pressen, gegebenenfalls den grünen Keim entfernen.

Alle Zutaten mischen

Alle Zutaten mit dem Schneebesen in einer Schlüssel verrühren. Die Sauce bis zum Servieren kaltstellen.

5 MINUTEN

Gewürze
ZAATAR UND SIEBEN GEWÜRZE

FÜR 35 G ZAATAR ODER SIEBEN GEWÜRZE

Zubehör

Gewürzmühle für das Zaatar

Zaatar

5 g getrockneten Thymian
5 g Sumach
25 g Sesamsamen
½ TL (3 g) Salz

Sieben Gewürze

0,5 g jamaikanischen Pfeffer (oder Piment) (0,25 g, falls frisch gemahlen)
5 g gemahlenen Ingwer
5 g gemahlenen Zimt
5 g gemahlenen Bockshornklee
5 g gemahlenen Kardamom
5 g gemahlenen Koriander
5 g gemahlenen Paprika

Das Zaatar vorbereiten

Den Thymian, den Sumach, 5 g Sesamsamen und das Salz in der Gewürzmühle mixen. Mit den restlichen Sesamsamen in einen Behälter geben, vermischen und trocken und vor Licht geschützt aufbewahren.

Die sieben Gewürze vorbereiten

Alle Gewürze in einen Behälter geben. Gut vermischen. Trocken und vor Licht geschützt aufbewahren.

Danksagungen

Danke an Christine Martin, die mir dieses libanesische Projekt anvertraut hat, von dem ich immer geträumt habe, und an Galatéa Pedroche, die die Erstellung dieses Buches so gut geleitet hat, sowie an Charlotte Lascève für ihre schönen Fotos.

Danke an Jérôme, mit dem ich seit zwanzig Jahren mein Leben teile und der ebenso lange meine kulinarische Leidenschaft teilt! Er ist an der Entstehung all meiner Rezepte beteiligt und gibt mir sein inspirierendes Feedback, sowohl zum Aussehen als auch zum Geschmack.

Danke an meine Mutter Stephanie und meine Schwester Julia, die mir bei meinen kulinarischen Abenteuern mit ihrer Ermutigung und ihrer stets konstruktiven Kritik sehr behilflich sind.

Danke an Waddad Assaf, der mich innerhalb von einer halben Stunde aus der Kebbe-Sackgasse geholt hat: Kichererbsen, was für eine tolle Idee!

Danke an meine Freundin Nadège Béglé, eine große Liebhaberin der libanesischen Küche, für ihre sachkundigen Ratschläge bei der Auswahl der Rezepte.

Danke an meine liebe Nachbarin Sylviane Lotin, die mir orientalisches Geschirr geliehen hat.

Und schließlich danke ich meinen Kindern, Inès und Antoine, für das Staunen, das sie mir jeden Tag bereiten.

Marianne Magnier-Moreno hat die Bücher „Les Basiques orientaux“ und „Tajines et Couscous“ veröffentlicht. Hier verrät sie ihre dreißig Lieblingsrezepte aus der libanesischen Küche. Sie ist eine erfolgreiche Kochbuchautorin – Grand Prix Eugénie Brazier 2015, Bestes Dessertbuch der Welt 2020 bei den Gourmand Cookbook Awards – und teilt ihr Wissen auch in Videos auf ihrem YouTube-Kanal.

Die Originalausgabe erschien 2021 unter dem Titel:
Petits plats comme au Liban

Chefredakteur: Mireille Touret
Layout Innenseiten: Jérôme Cousin, NoOok

Produktion der deutschsprachigen Ausgabe:
Tanja Timmerman vertaling & redactie
Übersetzung: Judith Muhr
Satz: Indruk Grafisch Ontwerp

Printed by GPS Group

ISBN: 978-94-6359-837-8